George Lafenestre

Le Salon de 1889

Critique

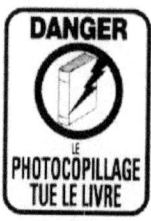
ISBN : 978-1981352371

10 9 8 7 6 5 4 3 2 1

George Lafenestre

Le Salon
de 1889

Critique

Table de Matières

Section I

Les chefs-d'œuvre de la peinture et de la sculpture réunis au Champ de Mars dans la section rétrospective nous vont permettre cette année d'étudier à merveille toutes les phases par lesquelles a passé l'art français depuis un siècle. Tandis qu'on était en goût de centenaires et de résurrections, il est fâcheux qu'on n'ait pas songé, dans le Palais de l'Industrie, à nous montrer, à côté du Salon encombré de 1889, le modeste Salon de 1789, qui s'ouvrit cette année-là, comme d'habitude, au mois d'août, dans les galeries du Louvre. Le spectacle n'eût pas manqué de piquant, et la comparaison de ces deux points extrêmes, le point de départ et le point d'arrivée, eût été fertile peut-être en enseignements inattendus. La reconstitution même de la collection n'était pas très difficile. La plupart des ouvrages exposés alors par messieurs de l'Académie royale ont leur état civil en règle ; les plus importons, commandés ou achetés par le roi, se trouvent encore soit au Musée du Louvre, soit dans d'autres édifices ou galeries publiques ; on eût retrouvé le reste dans les collections privées. En tout cas, nous avons entre les mains le catalogue, et la simple lecture de ce livret minuscule donne quelque peu à penser sur les transformations profondes qui se sont produites, en l'espace de cent ans, soit dans la situation et dans l'esprit des artistes, soit dans les habitudes et dans le goût du public.

Peu d'exposants en 1789, cela va sans dire, puisqu'il fallait être de l'Académie, membre titulaire ou tout au moins agréé. Il est vrai que l'Académie est fort ouverte ; elle admet les femmes, reçoit les pensionnaires de Rome presque à leur arrivée, n'est pas limitée comme nombre. On y conquiert ensuite ses grades comme au régiment, par des faits d'armes ; il y a les académiciens simples et les officiers ; on commence par être adjoint à professeur, puis professeur, puis recteur. Le livret suit l'ordre hiérarchique. En 1789, il y avait donc 76 exposants et 350 ouvrages. En 1889, nous avons 3,000 exposants au moins et 5, 810 ouvrages. Les amateurs, les apprentis, les étrangers, tout le monde expose ; les artistes de hasard ou du dehors constituent la majorité, les œuvres médiocres ou inutiles forment le fond. La diversité du goût, si marquée pour les façons de peindre, n'est pas aussi grande qu'on le croirait pour le choix des sujets. En 1789, les personnages antiques, grecs ou romains, dominaient sans doute dans les tableaux de grande dimension : David expose alors ses *Licteurs rapportant à Brutus les corps de ses fils* et les *Amours de Paris et Hélène*, Callet les *Fêtes de Cérès*, modèle de tapisserie pour les Gobelins, Vincent son *Zeuxis choisissant pour modèles les plus belles filles de Crotone*, Peyron la *Mort de Socrate*. Une large part est faite pourtant à l'histoire moderne et nationale ; à côté de la *Continence de Scipion*, Brenet a peint, pour le roi, *Henri II décorant, sur le champ de bataille de Renty, le vicomte de Tavannes* ; Durameau joint à son *Combat d'Entelle et de Darès* une esquisse de la *Séance des états-généraux à Versailles le 5 mai 1789* pour un tableau de 14 pieds de hauteur sur 30 pieds de largeur ; Le Barbier, qui a peint d'après Pausanias *Ulysse et Pénélope quittant Sparte*, satisfait avec empressement la curiosité publique en donnant le *Portrait d'Henri, dit Dubois, soldat aux gardes-françaises, qui est entré le premier à la Bastille*. On voit des portraits en quantité, comme d'habitude, de Suvée, de Callet, de Mme Lebrun, de Mme Guyard, de Vestier, de Mosnier, de Dumont, de Duplessis, presque tous excellents. Qui le croirait ? Les paysages, les scènes de genre, la nature morte, ce qu'on est convenu de regarder comme la note essentiellement moderne, sont proportionnellement très nombreux. Et ce ne sont pas seulement des paysages décoratifs et dramatiques, de magnifiques paysages composés, tels que ceux de M. Joseph Vernet, conseiller, et de M. Hubert Robert, l'un des gardes du muséum du roi et dessinateur des jardins de sa majesté, mais aussi des paysages réels, exacts, sincères, naïfs, à ce que croient du moins leurs auteurs, car ils prennent bien soin de nous en avertir. Ah ! que cette lecture du vieux livret suggère de réflexions mélancoliques sur l'instabilité du goût et sur les illusions dont nous pouvons être victimes en jugeant nos contemporains ! Est-ce que M. de l'Espinasse, M. Légillion, M. Nivard, ne croyaient pas avoir poussé l'art du paysage à son extrême exactitude ? Le premier, en effet, nous informe que sa *Vue de la halle aux bleds* a été prise à la distance de 28 toises, l'œil du spectateur étant placé à la hauteur de 30 pieds et l'heure du jour entre midi et une heure, les deux autres nous annoncent une *Grange rainée que le soleil éclaire à travers plusieurs solives*, un *Paysage où le ciel, après la pluie, commence à s'éclaircir*, un *Paysage* où le soleil éclaire par échappée les restes d'un deux château. Et Bilcoq ! Et Demarne ! ne s'imaginaient-ils pas avoir atteint les dernières limites des hardiesses naturalistes en détaillant une vingtaine de scènes populaires, bourgeoises, intimes, telles que le *Chimiste dans son laboratoire*, les *Marchands de cantiques*, le *Bon Ménage*, le *Marchand de cerises* ? Et pourtant combien leurs petites peintures, minutieuses et sèches, nous semblent froides aujourd'hui, malgré les finesses de l'observation et le soin curieux de l'exécution ! Les peintres de nature morte seraient, de tous, ceux qui perdraient le moins ; Roland de la Porte et Mme Vallayer-Coster obtiendraient peut-être une mention honorable.

Il y a cent ans, dans un milieu social bien différent, en communication avec un public moins nombreux, mais plus choisi, l'école française offrait déjà, en fait, le spectacle d'une activité très variée. Que s'est-il passé en un siècle ? Sur quels points les modifications ont-elles porté ? Il suffit de parcourir le Palais de l'Industrie pour avoir la réponse. L'esprit démocratique, transformant la société, transforme aussi les arts qui l'expriment. C'est l'esprit démocratique et, dans une certaine mesure, l'esprit pratique de notre siècle qui se manifeste, là comme partout, avec son activité et son désordre, sa puissance et ses présomptions, ses avantages et ses inconvénients. D'une part, chez les artistes, presque aucun vestige ni de hiérarchies officielles, ni de disciplines acceptées ; à cet égard, il n'y a plus que des apparences. Chacun est libre ou se croit libre. On expose quand on veut, comme on veut, ce qu'on veut. Les jurys impuissants n'opposent à l'envahissement, en détournant la tête, que des barrières à claires-voies à travers lesquelles il passe autant de médiocrités que les murs en peuvent contenir. Aucune méthode reconnue, aucunes convenances imposées, aucune preuve même de savoir exigée. De là une quantité plus considérable qu'autrefois d'ouvrages variés, inattendus, amusants par quelque tour demain hardi ou quelque recherche bizarre ; mais, en somme, un nombre bien moins grand d'ouvrages réfléchis, pondérés, menés à bout, et pouvant faire figure, une fois leur fraîcheur passée, dans les bonnes collections. La somme de talent dépensée en 1889 est incommensurablement plus grande qu'en 1789 ; on trouverait pourtant peut-être moins de peintures dignes d'un musée dans les 2,771 d'aujourd'hui que dans les 206 d'autrefois. D'autre part, le public, infiniment plus nombreux, se trouve à la fois plus instruit et plus troublé. La multiplicité des publications, des études, des critiques, des commérages sur les arts et les artistes, la facilité des voyages, la généralisation des notions élémentaires, l'excitent en même temps qu'ils l'inquiètent, et s'il apporte. en ses jugements plus précipités une ouverture d'intelligence singulièrement plus étendue et plus passionnée, il y apporte aussi une incertitude de doctrine et de goût qui encourage à la fois les artistes à tous les genres de tentatives, sans pouvoir les aider à se fixer dans un seul.

Le fait important qui domine au milieu de cette activité extraordinaire et désordonnée doit cependant nous faire espérer qu'il en sortira, pour notre art, une période de prospérité nouvelle, si l'on veut bien comprendre la nécessité qu'il y a, pour les meilleures innovations, à s'appuyer sur le fonds solide des traditions nécessaires, si l'on veut bien ne pas s'imaginer qu'à chaque génération, dans un pays de vieille et noble civilisation, les arts, ainsi que la littérature, se peuvent renouveler de toutes pièces. Ce fait, qui est dû, en grande partie, à l'influence prise depuis trente ans par une incomparable suite de grands paysagistes, c'est un amour sincère et curieux de la vie des choses et de la vie des êtres dans leurs manifestations les plus simples, un amour plus aident peut-être et plus général qu'on ne l'a jamais éprouvé. Sous ce rapport, l'affranchissement des formules étroites et des théories exclusives, en nous permettant de renouer la chaîne interrompue avec les maîtres naïfs ou savants, mais toujours simples et graves, du moyen âge, de la première renaissance et du XVIIe siècle hollandais, nous a rendu d'incomparables services. Quelle que soit l'insuffisance générale des résultats obtenus en ce moment, dans une période de transition tumultucuse, on ne saurait nier que les tentatives des peintres restent le plus souvent intéressantes par un certain goût très marqué de franchise et de naturel ; et si la critique a le droit de se plaindre fréquemment, au Salon actuel, c'est moins sans doute sur la direction générale suivie par eux que sur la légèreté ou la présomption qu'ils apportent à la suivre.

Section II

Ce qu'il y a toujours de plus faible, c'est la peinture historique et décorative, celle qu'on appelait autrefois la grande peinture, parce qu'elle suppose, en effet, plus de force dans l'invention, plus de chaleur dans l'imagination, plus de suite dans la volonté, plus de science dans l'exécution. Presque tous nos peintres, à l'heure actuelle, soit par entraînement, soit par nécessité, se déshabituent trop vite des besognes de longue haleine ; lorsqu'ils veulent par hasard s'y reprendre, ils sont tout de suite essoufflés. Les grandes machines de Regnault. Lagrenée, Suvée, Berthélemy, Taillasson, Perrin, Monsian, Callet, qui garnissaient les hauteurs du Salon de 1789, n'offraient pas toutes d'égales réjouissances pour les yeux ; l'ordonnance en était souvent systématique et pédantesque, la couleur froide, terne ou désaccordée, le dessin fuyant, maigre et roide. Cependant on n'en reste pas moins surpris de l'aisance avec laquelle de nombreuses figures s'y groupent et s'y associent en des actions bien pondérées, et du grand nombre de morceaux qui nous peuvent encore intéresser soit pour l'habile maniement des formes, soit pour la recherche heureuse de l'expression. On sent, chez tous, cette forte éducation qu'ont reçue David, Gérard, Prudhon, Gros, et dont la tradition a été recueillie par les puissants chefs du romantisme, Géricault et Delacroix. On ne se croyait pas alors un maître avant d'avoir été longtemps un élève. Les études techniques, sérieusement commencées, étaient longuement et assidûment poursuivies. C'est par de longs et pénibles efforts qu'on s'exerçait à l'art difficile de la composition, cet art qu'on affecte de mépriser aujourd'hui pour se dispenser de le poursuivre, mais qui n'en reste pas moins nécessaire à qui veut faire une œuvre durable. Le métier, en effet, pour un peintre, ne consiste pas seulement ù brosser vivement un morceau d'accessoires ou un paquet de draperies, à modeler exactement une tête ou une main isolée, à bien saisir un geste, à bien rendre un mouvement ; il consiste encore, il consistera toujours à savoir combiner et coordonner, dans un cadre donné, plusieurs figures ensemble, de façon à en tirer un effet intéressant et expressif, de façon à donner aux yeux du spectateur le sentiment d'un tout indivisible et fortement constitué par les jeux combinés et associés de la forme et de la couleur.

Sous ce rapport, ne nous y trompons pas, nous avons plutôt perdu que gagné. Les quelques bons tableaux du Salon, qui portent, d'un bout à l'autre, la ferme empreinte d'un talent mûr et d'une conviction soutenue, ceux, par exemple, de MM. Bonnat, Henner, Hébert, ne sont que des études fragmentaires, n'impliquant que peu ou point d'effort imaginatif, peu ou point de renouvellement technique. Cependant après quelques promenades à travers ce fatigant déballage d'improvisations insuffisantes qui encombrent les galeries, c'est encore sur ces cadres restreints que l'œil s'arrête avec plaisir, parce que, si la nouveauté y fait défaut, on y trouve du moins, avec une expérience sérieuse du langage pittoresque, l'expression nette et sincère d'individualités caractérisées. Le jouvenceau et la fillette par lesquels M. Bonnat fait représenter l'*Idylle* ont choisi, pour cacher leurs amours, une grotte un peu noire. On aimerait à voir autour d'eux plus de verdure, plus d'air, plus de ciel. M. Bonnat ne se laisse point envahir par cet amour du paysage qui transforme en ce moment toute l'école. Était-ce bien le cas d'être aussi stoïque et aussi réfractaire aux séductions de la nature extérieure ? Quoi qu'il en soit, ces deux amoureux, l'un, de face, le garçon, sec et brun, l'autre, de dos, la fille, souple et blanche, avec une chevelure retroussée, blonde et folle, dans laquelle joue le soleil, se tiennent, les mains enlacées, dans des attitudes naïvement expressives. Le peintre a voulu accentuer, dans une harmonie savante, le contraste charmant de ces deux jeunes nudités, la nudité virile, ferme, vive, colorée, la nudité féminine, délicate, souple, frémissante. Il y a réussi. Tout en faisant nos réserves sur la brièveté excessive de quelques indications, sur l'étrangeté périlleuse de certaines manœuvres du pinceau, hachures, pointillages, martellements bizarres, on ne saurait qu'applaudir. A quelques pas de là, M. Bonnat nous prouve mieux encore la netteté de sa vision et l'habileté de sa main dans le beau *Portrait du docteur B…* Il est impossible de caractériser avec plus de résolution, de précision, de franchise, une physionomie contemporaine. Sans rien perdre de sa fermeté, comme nous l'avons déjà remarqué l'année dernière à propos du portrait de M. Jules Ferry, le pinceau de M. Bonnat prend chaque jour plus de liberté et de souplesse. Connaissions-nous déjà la *Prière* de M. Henner ? Connaissions-nous sa *Martyre* ? Oui et non, peut-on dire. La *Prière* est une jeune fille demi-nue, avec une ceinture bleu clair, agenouillée, le profil perdu, dans une de ces vagues opacités qui remplacent aussi, pour M. Henner, la campagne naturelle. La *Martyre* est une tête pâle, une tête coupée, de jeune fille, posée sur une pierre entre deux palmes, comme dans le dessin attribué II Raphaël, qu'on voit dans la collection Albertine de Vienne. M. Henner ne nous dit rien d'inattendu, mais il le dit toujours si bien qu'on a toujours plaisir à l'entendre. Il en est de certaines combinaisons de couleurs, auxquelles s'attachent les bons peintres, comme des combinaisons de sons qui passionnent les musiciens. En réalité, ces combinaisons ne sont monotones qu'aux oreilles et aux yeux indifférents ou incompétents. Ce qui ramène constamment l'artiste vers les mêmes effets, c'est l'infinie variété des nuances de plus en plus délicates et subtiles que son esprit, de plus en plus affiné, y rêve, y cherche, y trouve. A nous de saisir ces délicatesses et ces subtilités et, quand nous les sentons, de nous en réjouir. Ce qu'on peut dire de M. Henner, on peut le dire de M. Hébert, avec quelque chose en plus pour le sentiment de haute et mélancolique poésie, de noblesse morale et de souffrance intellectuelle, qu'il sait toujours mettre dans ses étranges apparitions, sous les bois, de femmes rêveuses et désillusionnées. Sa *Solitaire*, accoudée dans un fourré vert, pointillé de rayons d'or, est une pioche parente des grandes muses ou grandes dames que nous avons rencontrées précédemment dans le même site et dans la même attitude. Même langueur attristée dans ses yeux noirs, même fierté affable sur son visage pâle, même affaissement d'automne dans sa beauté finissante. A côté de MM. Hébert et Henner, virtuose plus séduisant et plus gai, d'une individualité non moins persistante, il est juste d'admirer M. Chaplin qui, dans ses *Premières fleurs* et son *Portrait de miss W.*, module de nouveau, avec des variations exquises, la chanson des lèvres roses, des fronts clairs, des épaules fraîches, des yeux brillants, des mousselines flottantes. Cette grâce est toute française et vraiment inimitable.

Toutes ces éludes, sauf l'*Idylle* de M. Bonnat, ne sont que des figures isolées, demi-vêtues ou drapées, presque toutes à mi-corps. Les difficultés augmentent, et le mérite aussi de l'artiste, lorsqu'il s'agit de placer des figures complètement nues dans un milieu déterminé, plus encore lorsqu'on doit les multiplier et les grouper, plus encore lorsqu'il faut faire jouer à ces groupes un rôle expressif ou décoratif dans l'ensemble d'une action imaginaire ou réelle. Pour le moment, les entraînements d'une mode passagère qui se laisse prendre à des apparences d'innovations sans consistance, et les facilités périlleuses que trouvent les artistes à contenter à la fois le goût d'un public grossier et le goût des amateurs blasés, en copiant un coin quelconque de la vie réelle, les détournent sans doute de ces études sérieuses de la forme humaine ; mais il y faudra revenir. La supériorité actuelle de l'école française, même dans les genres les plus modernes, même dans la peinture familière et dans la peinture de paysage, n'est due au fond qu'à la supériorité de l'enseignement classique par lequel elle a passé. En fait de sensibilité, de sincérité, de naïveté, les étrangers nous valent bien, je dirais pour un rien qu'ils valent mieux ; ce qui leur manque encore, c'est cette forte éducation, à laquelle on voudrait sottement se soustraire, qu'ont reçue de près ou de loin tous nos peintres depuis trois cents ans, cette éducation qui apprend, avec la connaissance et le respect de la figure humaine, son maniement facile et son emploi expressif. Si nous nous abandonnions sur ce point, nous serions vite perdus. Une critique sérieuse ne saurait donc se montrer indifférente pour les rares efforts qui se peuvent faire encore dans le sens de ces études nécessaires. Il est possible que la décadence ; de la culture classique doive dessécher, pour les générations nouvelles, ces sources abondantes de la poésie et de l'histoire antiques où s'inspiraient les générations passées et rétrécir le champ où s'associaient naturellement la science ; des formes en mouvement et l'amour de la beauté plastique. Néanmoins, il n'est pas vrai de dire que ce champ ne puisse plus être cultivé et, lors même que les peintres nouveaux, de plus en plus emprisonnés dans un réalisme étroit, parviendraient à s'interdire tout essai de rêve et tout élan d'imagination, ils trouveraient encore, dans la vie moderne, mille occasions de s'exercer à l'étude de la figure vivante.

De ce côté, en dehors des traditions et des formules, il y a certainement des trouvailles à faire. Parmi les réalistes de la jeune école, ceux qui ont quelque ardeur dans le sang et quelque poésie dans la tête en éprouvent bien le sentiment. M. Roll, qui poursuit avec conviction et avec talent ses études en plein air, avait fait déjà, en 1886, jouer dans une prairie verte mie femme nue avec un jeune taureau : il donne aujourd'hui, comme conducteur à une autre bête de même race, un gamin en culotte courte, dont le torse nu s'étale au soleil. Rien de plus vraisemblable, de plus campagnard, de plus nature, comme on dit. Mais ce torse n'est-il pas, plus que de raison, amolli et creusé, sous prétexte de lumière ambiante ? Je le crains, bien que M. Roll compte, au nombre de ses mérites, celui d'être un praticien franc et hardi, ne reculant devant l'expression d'aucune vérité. Peut-être lui manque-t-il, à lui aussi, dans une certaine mesure, cette connaissance profonde des dos-sous osseux et musculaires qui donne seule aux corps leur solidité et leur consistance. Remarquez bien que la solidité n'implique point la dureté, et que consistance ne veut pas dire lourdeur ; la dureté et la lourdeur sont précisément le fait des figures mal bâties par des anatomistes peu exercés ; il n'y a que les maîtres dessinateurs pour savoir prendre avec les corps toute liberté, pour savoir les assouplir, les animer, les simplifier à leur gré. Il y a quelque exagération dans le parti-pris avec lequel on regarde aujourd'hui des figures, habillées ou nues, dans un paysage, comme y devant être fatalement dévorées par la lumière dans leurs contours et dans leur modelé. Nous avons déjà eu l'occasion de dire ce que nous pensons de cette atténuation systématique des épaisseurs et des couleurs qui tendrait à donner aux peintures l'aspect terne de papiers légèrement teintés et aux figures qui les peuplent des apparences de reflets impalpables et impondérables. Sans doute, l'excès des reliefs est insupportable en certains cas, flans les peintures décoratives, sur une surface plate, lorsqu'il ne faut pas crever la muraille, quelquefois même dans le tableau de chevalet, si l'on n'y vise qu'à un trompe-l'œil grossier ; mais la suppression complète des reliefs dans une peinture bien encadrée et bien isolée serait plus insupportable encore. Nous comprenons que Mme Mario Cazin, en colorant, dans une tonalité très douce et très apaisée, un carton de tapisserie, y ait à peine indiqué, au milieu d'arbres enchevêtrés, une Diane rustique, toute jeunette et fraîche, d'un modelé très sommaire dans sa délicatesse. Il y a des conventions nécessaires et spéciales pour ces tentures sur lesquelles l'œil doit se reposer et le rêve s'arrêter sans effort ni fatigue ; le grain même et les plis du tissu donnent d'ailleurs à ces décors une sorte de mouvement propre. Nous comprenons moins que M. Raphaël Collin, nous montrant, dans sa *Jeunesse*, un couple d'amoureux côte à côte étendus sur le gazon dans une plaine spacieuse, n'ait pas concédé à ces jeunes corps des reliefs plus fermes et des couleurs plus saines. Cela n'empêche, il est vrai, que ce Daphnis villageois et cette Chloé de banlieue ne soient agréables à voir. La fillette, assise sur le gazon, enlace d'un bras si tendre le cou du jouvenceau allongé a son côté ; celui-ci, s'accoudant sur les genoux de sa petite amie, tend si ardemment ses lèvres vers ses lèvres ! Une minute de plus, et, dans leurs baisers répétés, va se flétrir cette innocence qui nous charme encore. M. Collin, avec la prudence d'un vrai poète, a saisi le moment juste où la fleur du désir va s'épanouir. L'attitude est risquée, et, sous des mains moins habiles, eût pu devenir grossière ; telle que M. Collin l'a indiquée par son dessin délicat, elle est d'une naïveté charmante. C'est avec une candeur parfaite que, les deux bergers s'embrassent, sans songer à s'en cacher, au milieu de la vaste plaine où paît leur troupeau et dont la solitude chaude ; et silencieuse les enivre à leur insu. Plus on regarde cette agréable peinture, plus on s'imagine pourtant qu'un peu plus de sang dans ces jeunes chairs, un peu plus de soleil dans ce vaste ciel, n'eussent rien gâte à l'idylle. Une autre fine étude de M. Collin, le portrait d'une jeune femme en toilette d'été, prête à sortir, accoudée à sa fenêtre, parmi des fleurs, inspire aussi les mêmes réflexions. Il y a là de délicieuses recherches dans les nuances de l'ombre et dans les subtilités de la lumière, mais ces recherches n'en seraient que plus appréciables si les dessous du corps et le dessin des extrémités se faisaient mieux sentir. L'analyse des formes en plein air qui préoccupe tant nos jeunes peintres n'est pas un problème facile à résoudre ; mais c'est un problème attrayant, plein d'aspects variés, qui excitera longtemps chez eux une utile activité. Il est donc légitime qu'ils s'y complaisent, à la condition de n'en point faire une nécessité absolue et de ne point proscrire toutes les autres formes de l'imagination pittoresque. En tout cas, on n'arrivera à rien si l'on ne commence par apprendre ce qu'il faut apprendre. C'était, par exemple, un beau sujet, tout moderne, d'une poésie simple et puissante, que cette mise à la mer d'une embarcation par un groupe de pêcheurs à demi nus, intitulée *Au large* ! par M. Coussin. Supposez ces solides gaillards, aux muscles rebondis, aux peaux tannées, avec leurs fermes attitudes et leurs vigoureux efforts, brossés avec la force et l'éclat nécessaires par quelque Géricault, vous aurez un chef-d'œuvre. L'exécution de M. Coussin n'est point, par malheur, à la hauteur de ses intentions ; néanmoins, cet ouvrage, très supérieur à tout ce qu'a fait jusqu'à présent l'artiste, n'en reste pas moins une composition bien présentée, intéressante et d'une bonne indication, montrant le parti que des praticiens exercés pourraient tirer du sujet le plus vulgaire. L'essentiel, dans ce cas, c'est de ne point mêler le plein air et l'atelier, de ne point donner des sensations incomplètes et troublées en faisant sentir l'étude du modèle de profession au milieu d'un paysage réel. Ce sont les incohérences de ce genre qui gâtent le plaisir qu'on pourrait avoir à regarder quelques-unes des innombrables *Baigneuses* déshabillées sur les verdures du Salon. Les progrès des paysagistes nous ont donné de telles exigences d'exactitude, en fait de nature extérieure, qu'à moins de nous trouver en face de fonds résolument conventionnels, comme ceux de MM. Henner et Bonnat, nous demandons à l'entourage de toutes ces figures plus de vérité qu'autrefois ; par suite, nous demandons aux figures mêmes leur accord avec cet entourage, et si nous ne le trouvons pas ou ne le trouvons qu'à peine, nous ne sommes point satisfaits. Les baigneuses parisiennes, de M. Ballavoine, sortant de l'eau sur une alerte, alors qu'elles devraient peut-être s'y enfoncer jusqu'au cou pour échapper aux regards indiscrets de l'*Imprévu*, celles même de M. Franck-Lamy, moins mondaines et plus classiques, qui s'ébattent *Au fond des bois*, ne nous semblent pas à l'abri de tout reproche sous ce rapport. L'étude de M. Franck-Lamy est cependant sérieuse et intéressante, avec un sentiment chaste de la beauté qui devient de plus en plus rare. Chez M. Quinsac, dans sa *Fontaine de Jouvence*, l'intention d'établir l'unité entre la figure et le fond est marquée. La grosse fille réjouie qui vient de boire une nouvelle jeunesse à la source des bois que garde l'Amour en armes étale, en plein soleil, parmi le fouillis pétillant des branchages éclairés et des herbes éclatantes, les reliefs hardis de sa beauté charnue. L'effet est brutal, mais vif et osé. La plus subtile hardiesse, dans cet ordre d'études, se trouve chez un Suédois, M. Zorn, qui nous montre, sur une plage de Suède, parmi des rochers effrités qu'effleurent les lueurs tendres d'un soleil pâle, trois jeunes femmes *à l'air*. L'une d'elles, assise sur la pente, derrière quelques herbes, n'a plus qu'à retirer ses bas et ses bottines ; les deux autres, déshabillées, debout sur la plage, vont descendre dans l'eau. La disposition des figures, d'ailleurs assez incorrectes et molles, est piquante, naturelle, imprévue ; l'éparpillement joyeux de la lumière vive et douce sur les aspérités sèches des granits et dans les fraîches ondulations du sable, ses étincellements et ses chatoiements sur les saillies rosées des nudités en mouvement, sa fusion harmonieuse avec la blancheur des vagues apaisées, y sont étudiés par des yeux d'une délicatesse ingénieuse. Rien de moins classique assurément que cette fantaisie, où l'auteur ne se pique ni de purisme ni de science ; mais l'impression est vive, nouvelle et facilement rendue. Il semble que ces peintres du Nord sachent d'autant mieux jouir des enchantements de la lumière qu'ils leur sont plus mesurés par un soleil avare ; nous aurons plus d'une fois l'occasion de le constater.

La poésie de la lumière unie à la poésie des formes, n'est-ce pas la plus haute formule de l'art de peindre, l'idéal poursuivi par tous les artistes de grande race ? Il n'est donné qu'à un petit nombre d'y atteindre, mais il est toujours glorieux de l'avoir cherché. M. Carolus Duran, en représentant, après Titien, après Rubens, après tant d'autres, le *Triomphe de Bacchus*, n'a pas pris, avec ce sujet démodé, toutes les libertés que ses admirateurs étaient disposés à lui accorder. A l'heure où nous acceptons que MM. Dagnan, Uhde, Cazin, renouvellent, comme Memling, Véronèse, Rembrandt, les sujets historiques et bibliques par l'introduction de l'ajustement et de l'expression modernes, il ne nous coûterait pas davantage de voir des sujets antiques, d'une signification générale, comme la plupart des mythes helléniques, traités avec l'indépendance qu'y apportaient les esprits naïfs du moyen âge et les esprits cultivés de la Renaissance. Cette indépendance, nécessaire au peintre comme au poète, n'a jamais blessé que les pédants. Au lieu de tant s'attacher à des souvenirs d'école, au lieu de juxtaposer, dans une composition bien équilibrée, mais d'un équilibre déjà connu et qui avait même servi à M. Cormon pour son *Retour de Salamine*, un si grand nombre de figures académiques, dont la filiation est trop facile à établir, pourquoi M. Carolus Duran ne nous a-t-il pas représenté hardiment une bacchanale à sa façon, menée par des bacchantes d'un type nouveau, dans un paysage français au besoin ? M. Carolus Duran, ce portraitiste joyeux, ce coloriste triomphant, qui connaît si bien la femme moderne, qui brosse avec tant de verve les belles étoffes dont elle se pare et s'entoure, y eût assurément trouvé son compte. C'est une duperie, en ces sortes d'aventures, de trop s'en tenir aux données archéologiques ou traditionnelles. Les bacchants de Titien auxquels M. Carolus Duran semble avoir surtout pensé étaient-ils donc des Grecs ? Non, tout simplement des Italiens du XVIe siècle, comme ceux de Rubens et de Jordaens sont des Flamands, ceux de Ribera et de Velasquez des Espagnols ou des Napolitains. On a donc été surpris qu'un des naturalistes les plus primesautiers de notre temps ne nous donnât pas une bacchanale plus personnelle. Cette surprise une fois passée, il serait injuste de méconnaître les singulières qualités d'exécutant que M. Carolus Duran a déployées dans cette vaste composition ; en réalité, les bons morceaux y abondent et l'ensemble brillant, avec ses notes délicates et savamment combinées où dominent le rose tendre, le blanc clair, le vif azur, attire les yeux comme un bouquet de fleurs variées. Plusieurs de ces bacchantes, étalant leurs corps nus au soleil ou dans l'ombre, sont amoureusement peintes avec de fines coulées de pâte et une intelligence vive de la beauté éclatante et saine. Si les dessous ne semblent pas toujours assez solides, l'enveloppe extérieure reste presque toujours brillante et séduisante : et, dans cette œuvre de longue haleine, mais à laquelle ses travaux antérieurs ne l'avaient pas suffisamment préparé, ce sont encore ses rares qualités d'improvisateur qui sauvent M. Carolus Duran. Il va sans dire que, dans son autre toile, les *Portraits des fils de Mme P. de ****, deux blondins, en costumes élégans, l'un assis, l'autre debout, groupés dans un riche intérieur, nous retrouvons l'aisance d'arrangement, l'entrain de facture, l'éclat d'harmonie qui marquent, dans tous ses récents portraits, la maturité de l'artiste.

Il est si fort de mode aujourd'hui, dans la critique courante, d'afficher une indifférence méprisante pour tout effort de création comme pour tout élan d'imagination, qu'il nous semble plus nécessaire que jamais de rendre justice aux quelques esprits courageux que n'envahit pas la vulgarité croissante. Nous sommes désolés de ne plus trouver, comme autrefois, en tête de ce bataillon de résistance, de ce bataillon nécessaire, le groupe compact des pensionnaires de Rome. Depuis quelques années, l'extrême facilité des communications entre la France et l'Italie, les modifications apportées dans la vie romaine par l'installation de la capitale, ont jeté le trouble à la villa Médicis. Au lieu d'y vivre dans la solitude, le travail, la-méditation, on s'y occupe de Paris plus que les Parisiens eux-mêmes, l'on n'y étudie les maîtres qu'avec l'arrière-pensée de ne leur point ressembler. La hâte d'être original ne laisse pas le temps d'apprendre à l'être. On ne veut plus se souvenir que les maîtres les plus libres ne le sont devenus qu'à la suite de longs apprentissages. De là, dans la plupart des envois, une incohérence de méthode, une recherche d'effets superficiels, une insuffisance ou une affectation de métier qui révèlent un grand désarroi moral. L'absence de convictions s'accentue encore lorsqu'on redescend dans la mêlée parisienne avec la prétention d'y prendre la tête, à son gré et sur-le-champ, dans tous les genres. On n'est plus assez naïf pour se contenter île l'incorrection qui plait au public, on n'est pas assez fort pour lui imposer une personnalité formée. A part MM. Olivier Merson, Wencker et quelques autres qui se sont toujours bien tenus, que de concessions inutiles ou fatales faites par les lauréats de l'Institut, depuis vingt ans, à toutes les modes successives du jour ! Encore si une fois sa direction prise, quelle qu'elle soit, on savait s'y tenir ; on aurait chance, avec de l'opiniâtreté, de s'y mettre au premier rang, ne fût-ce qu'à cause de la science acquise. Mais non, et c'est là le grand mal, par suite même de cette dextérité manuelle qu'on ne sait où appliquer, on touche à tout, on essaie tout, on reste partout habile, médiocre, insignifiant. Jusqu'à présent les tentatives faites par les anciens Romains sur le terrain réaliste n'ont pas tourné à leur avantage. Il est certain que MM. Bramtot et Toudouze en représentant, dans des proportions excessives, sur des panneaux décoratifs, le premier un couple d'ouvriers amoureux tendrement assis dans la campagne, l'autre une paysanne allaitant son enfant sur le perron de sa maison, ont apporté, dans le dessin de ces figures plébéiennes, plus de correction et plus de style qu'on n'en met d'habitude. Qu'arrive-t-il ? C'est que cette correction et ce style, appliqués avec un soin trop visible et ne se trouvant pas animés par un tour de pinceau vif et chaud, enlèvent précisément à ces figures insignifiantes en elles-mêmes les seules qualités qui les pouvaient poétiser, la simplicité et le naturel, qualités si précieuses qu'elles feront oublier, d'autre part, chez des praticiens beaucoup moins savants, les incorrections les plus frappantes et les plus extraordinaires gaucheries.

M. Gabriel Ferrier, qui avait brillamment débuté en 1879, par une *Sainte Agnès* d'un mouvement très décoratif, a montré, lui aussi, quelques hésitations dans sa carrière. Néanmoins, ses études algériennes, poussées avec vigueur, n'ont pu qu'assouplir et qu'enhardir sa main. Aujourd'hui il revient à l'art historique avec son *Bella matribus delestata*. En prenant pour titre ce vers d'Horace, M. Ferrier a déclaré qu'il entendait résolument faire une composition, non historique, mais allégorique, d'une portée générale. Dans ce cas, ce qui est nécessaire avant tout, c'est une ordonnance claire et significative, frappant les yeux et saisissant les esprits, sans autre explication. Sous ce rapport M. Ferrier s'est fort bien tiré d'affaire. Au premier plan, sur les débris d'une maison incendiée dont la muraille fume encore, deux groupes de figures nues ; au milieu, une jeune femme à genoux étreignant dans ses bras un enfant effaré, tandis qu'un autre, plus grand, se serre contre elle en se cachant les yeux ; sur la droite, une autre femme, debout, échevelée, pressant aussi un jeune garçon contre son sein, et, sur le devant, un couple de jeunes époux étendus sans vie sur le sol, près d'une vieille grand'mère, ridée et blanche, à genoux. les trois femmes, en pleurs, gémissantes, regardent vers la gauche où galope en contre-bas, dans un nuage de poussière, de flammes, de fumée, une troupe confuse et hurlante de guerriers sauvages, armés de lances, et portant, suspendues à leurs arçons, des têtes sanglantes ; deux des femmes tendent les poings, en menaçant et en maudissant. Qu'il y ait quelques effets déjà connus dans les attitudes et dans les gestes dramatiques de ces groupes désespérés, cela n'est pas douteux ; mais cela importe peu. L'originalité d'un artiste consiste moins à inventer une attitude et un geste qu'à les bien ajuster dans son action et les bien approprier à son sujet. Il n'y a guère, en réalité, sur ce point, d'invention possible après quatre siècles de production pittoresque. La plupart des figures de Delacroix se pourraient retrouver chez Le Brun, Rubens et ailleurs ; elles ne lui en appartiennent pas moins comme elles ont appartenu à ses prédécesseurs, parce que leurs génies différents, en leur infusant leur âme particulière, les ont complètement transformées. M. Gabriel Ferrier s'est suffisamment approprié ses réminiscences par une facture, parfois dure et sèche, mais énergique et résolue. La vigueur brutale qu'il a mise à présenter cette allégorie tragique n'est point faite pour nous déplaire. Au milieu de toutes les pâles fadaises qui révèlent l'alanguissement général, une protestation violente comme celle de M. Ferrier devient intéressante et respectable.

Puisqu'il s'agit d'allégories, signalons-en quelques-unes. Les naturalistes ou se croyant tels ont beau dire que l'allégorie est un genre condamné et mort ; nous voyons bien que son défaut est d'être difficilement nouveau et facilement ennuyeux, mais nous voyons bien aussi que, pour l'expression de leur pensée, les artistes d'aucun temps n'ont ni voulu ni pu s'en passer. Pour les décorations, cela va de soi. On fera peut-être, quelque jour, danser, dans un plafond de mairie, une noce en habits noirs et en rubans à fleurs ; nous n'en sommes pas encore là malgré la bonne volonté de toutes les sottises et de toutes les ignorances réunies. M. Léon Glaize ne nous blesserait point en faisant planer deux génies envolés au-dessus des groupes plébéiens qui symbolisent la *Famille* et le *Travail* pour la mairie du XXe arrondissement ; M. Urbain Bourgeois nous édifierait même on plaçant à côté de ses jeunes époux, pour le *Plafond de la mairie de Limoges*, la collection complète des vertus nécessaires à l'hyménée, non-seulement la *Fidélité* qui se tient assise, comme étant la plus indispensable, mais encore, du côté de l'homme, la *Valeur*, la *Tempérance*, la *Force*, et, du côté de la femme, la *Douceur*, l'*Innocence*, la *Chasteté*. Ces deux estimables peintres n'ont pas malheureusement échappé au danger suspendu sur la tête de tous ceux qui allégorisent : ils sont restés froids. Des allégories moins officielles et plus badines, celle de l'Amour, dominateur de tous les êtres, celle de la Beauté, dominatrice des hommes, n'ont pas communiqué non plus aux talents attentifs et distingués de MM. Gérôme et Emile Lévy, toute la chaleur désirable en pareille occurrence. Le petit Amour de M. Gérôme, un bambin minuscule, doux, frisé, blond et rose, un vrai petit Jésus de crèche de Noël, se présente, son arc d'or à la main, une flammèche au front, dans l'intérieur d'une ménagerie où sont emprisonnées des bêtes fauves. Il suffit que ce dompteur apparaisse pour que les lions, tigres et panthères commencent à ramper, à faire le gros dos, à se traîner, les yeux humides, jusqu'à ses pieds blancs pour les lui lécher. Ces monstres, aux pelages propres et lisses, bien soignés, bien lavés, semblent s'être un peu trop préparés d'avance à cette visite. Nul doute que Rembrandt, Rubens ou Delacroix n'eussent traité cette scène de domptage avec plus de furie. La *Circé* de M. Lévy, une frêle et longue fille blanche, impudemment déshabillée, se tient assise, toute nue, l'air cynique et froid, les bras relevés au-dessus de la tête, sur un trône de marbre, dans l'atrium d'un palais antique. Devant elle, vautré sur le tapis, courbant sa grosse tête rubiconde et chauve, sous l'orteil de son petit pied nu, se trahie un gros consulaire en manteau de pourpre, qui semble s'assoupir avec volupté dans cette pose déshonorante. Cependant, il y a d'autres clients ou aspirants qui attendent, derrière la balustrade, à la porte ouverte, un mandarin, un poète, tous des présents à la main, tous gesticulant avec quelque impatience. Le sens est clair, s'il n'est pas neuf, et M. Emile Lévy a rendu la scène agréable, avec son talent habituel, par le soin du dessin et l'élégance du détail.

Les autres grands prêtres ou diacres du temple de l'éternelle Aphrodite qui veulent encore lui rendre un culte en cherchent l'occasion dans la mythologie ou dans la poésie ; quelques-uns n'ont besoin d'aucun prétexte. M. Bouguereau, dans son *Amour enlevant Psyché*, se montre toujours le facile, élégant et correct exécutant que l'on sait. M. Falguière a manqué quelque peu de respect à la vénérable *Junon* en nous la présentant, avec une physionomie si peu conjugale, dans une décoration d'une harmonie fraîche et vive, mais à peine ébauchée. La *Madeleine* de M. T. Robert-Fleury ne semble pas avoir encore beaucoup souffert, dans sa grotte, du jeûne ni des intempéries ; elle est fraîche, en bon point, fort proprette ; c'est, depuis longtemps, l'habitude de ces belles pénitentes de conserver, dans leurs retraites, les usages de leur monde. Les peintres de la Renaissance nous ont accoutumés à leur demander moins de douleur que de grâces, moins de repentir que d'attraits. M. Tony Robert-Fleury est resté fidèle à cette tradition. Il y a des recherches délicates, des morceaux soignés, un talent réel, dans le *Coin d'atelier* de M. Giacomotti, la *Rêverie* de M. Emmanuel Benner, la *Cypris* de M. Guillaume Dubufe, le *Satyre aux abois* de M. Priou, le *Lever* de M. Lematte, le *Printemps* de M. Pascal Blanchard, les *Deux perles* de M. Le Quesne, et surtout l'*Abel* de M. Verdier, une étude consciencieuse et distinguée. On ne saurait se montrer indifférent pour les tentatives plus importantes faites par MM. Henri Delacroix et Deully. Il y a longtemps que M. Henri Delacroix, qui s'appelle aussi Eugène, lutte, avec le plus honorable courage, contre la fatalité d'un nom difficile à porter. Le *Salut au soleil* marque, chez lui, un certain progrès. Quelques-unes des nymphes qui, réveillées par le jour, se dressent sur la grève, pour le saluer, sont exécutées avec entrain, sinon avec précision, et le mouvement général de la scène, tout enveloppée d'une lumière vive, est d'un caractère assez décoratif. Un épisode de l'enfer dantesque, le *Deuxième cercle*, est traité par M. Prouvé avec une agitation confuse qui marque un certain mouvement d'imagination. M. Prouvé cherche encore sa voie ; depuis ses débuts, où il pensait à Delacroix, il a passé par d'autres imitations, mais il cherche avec conscience ; nous ne serions pas surpris que, de tous ces tâtonnements préparatoires, sortît un véritable artiste. Les *Tourmens de saint Jérôme*, par M. Deully, ont aussi frappé tous ceux qui s'intéressent encore à l'art difficile. Ces tourments de saint Jérôme, agenouillé et priant dans son désert, sont ceux de son prédécesseur, saint Antoine. Le sujet est présenté sans artifice, un peu brutalement même, mais sans grossièreté ni minauderie. La peinture de M. Deully ne manque ni de force, ni d'effet, et peut bien faire augurer de son avenir.

C'est toujours la future Sorbonne qui fournit au Salon ses pages les plus importantes de peinture historique. Les trois pointures qui lui sont destinées par MM. Chartran, Lerolle, Flameng, subissent toutes, plus ou moins, l'influence désastreuse de ces idées courantes qui font consister l'harmonie décorative dans l'atténuation systématique des couleurs et des formes, sans tenir compte ni des lieux ni des circonstances. Il faudra voir ce que cela donnera en place. On ne saurait nier, dans les peintures de M. Lerolle et de M. Flameng, un sentiment très juste et très raisonné des époques historiques qu'ils avaient à représenter, en même temps qu'une entente habile de l'unité expressive à établir dans la composition. Sous ce rapport, le *Rollin, principal du collège de Beauvais*, par M. François Flameng, nous paraît même supérieur à ses précédents travaux pour le même édifice. En s'enfermant, au déclin d'un jour d'automne, dans cette cour, grave et un peu froide, du collège de Béarnais, avec Rollin, ses collaborateurs et ses élèves, M. Flameng s'est enfermé aussi dans son sujet avec une sympathie plus sérieuse et plus profonde. Tous ces personnages studieux, groupés librement dans leur prison volontaire, s'y entretiennent sans pédantisme dans la paix d'une lumière douce qui semble refléter la paix de leur conscience, La même unité, la même sincérité, la même bonhomie, avec une clarté plus vive et un accent délicieux de fraîcheur, attirent vers le panneau de M. Lerolle, *Albert le Grand au couvent Saint-Jacques.* Mise en scène presque semblable, mais quatre siècles plus tôt, dans un cloître planté d'arbres ; professeurs et étudiants sont en blanc au lieu d'être en noir ; c'est toujours l'automne, l'automne plaît aux philosophes, seulement la lumière est blanche et douce, lumière d'aurore et non de soir. C'est à l'école saine et honnête des paysagistes que M. Lerolle a appris l'amour de ces harmonies calmes de lumière par lesquelles ses œuvres se distinguent entre toutes. M. Chartran, qui avait à montrer *Ambroise Paré pratiquant la ligature des artères au siège de Metz, en 1553*, a abordé son sujet avec moins de simplicité. La mise en scène, habilement conçue, mais suivant les formules théâtrales, rejette au second plan l'action principale en faisant occuper les premières places par des figures épisodiques ; à gauche, c'est un évêque, entouré de son clergé, qui bénit de loin l'armée qui passe dans le fond ; adroite, ce sont, près d'une fontaine, un soldat blessé qui, se repose, et un autre soldat, portant sur ses épaules une botte de paille. Une des vérités reconquises en ces dernières années, dans l'art comme dans la littérature, c'est que tout hors-d'œuvre est condamnable s'il détourne l'esprit du principal. Nous ne saurions louer chez M. Chartran ce que nous avons blâmé naguère chez M. Flameng.

M. Tattegrain, qui n'était pas obligé, comme M. Chartran, de couvrir une vaste surface, a donné vraiment de trop grandes proportions à une anecdote historique. Huit jours après la victoire des Dunes, en 1658, le jeune Louis XIV visita, paraît-il, en compagnie de Turenne, le champ de bataille, qu'il considéra soigneusement, « malgré l'horreur des cadavres que les vents avaient découverts dans les sables. » Louis XIV, à cheval, ayant ses arçons remplis de fleurs, se tient sous le nez un bouquet pour résister aux puanteurs qu'exhalent tous ces cadavres d'hommes et de bêtes, gonflés et Verdis, sortant çà et là du sable mouvant. Derrière lui se poursuit une lutte brutale et grotesque entre un tas de loqueteux, truands, infirmes, qui assiègent les carrosses et des gardes qui les bourrent de coups de hallebardes. L'œuvre est pleine de talent, en grand progrès sur *la Soumission des Flamands* de 1886, pour la vivacité de l'observation, pour la souplesse des figures, pour la tristesse solennelle du paysage admirablement éclairé ; mais l'erreur de proportions gâte toutes ces belles qualités. Dans la même salle, on peut assister à une autre tristesse de la victoire, au *Lendemain de Rocroi*. Ici, c'est le jeune Condé qui vient respectueusement contempler, sur un lit de camp, le corps du comte de Fuentès. Cette scène a été traitée avec gravité et talent par M. de Richemont. On ne saurait non plus s'arrêter avec indifférence devant les trois' immenses toiles de MM. Chigot, Henri Martin, Gardette, qui montrent chez ces jeunes artistes, avec l'ambition d'aborder les grandes scènes de l'histoire, une partie des fortes qualités pouvant justifier cette ambition. Dans la toile que M. Chigot intitule *Fuyant l'invasion*, on voit, dans une plaine défoncée et boueuse, autour d'une charrette attelée de deux bœufs et chargée des trésors de l'église, se traîner, en chancelant, un abbé mitre et crosse, de vieux moines et des paysans ; le paysage est triste, les bêtes sont vigoureuses, les gens accablés ; le tout a un assez grand caractère de vérité naïve, malgré l'inexpérience du pinceau. Dans la *Fête de la Fédération*, il y avait plus d'une difficulté à représenter, défilant en plein soleil, autour de l'autel de la patrie, toutes les députations et corporations en costumes polychromes. M. Henri Martin n'a pas reculé. Les fédérés sont criblés d'une lumière vive et blanche qui les dépouille trop de leur consistance, mais qui est manœuvrée avec hardiesse et habileté. L'*Épisode de la bataille de Sedan*, la *Mort du général Margueritte*, mal composé, contient quelques morceaux d'une énergie peu commune. C'est, dans les grandes dimensions, le meilleur tableau militaire du Salon avec l'épisode de la *Bataille de Frœschwiller* par M. Moreau de Tours.

Les tableaux historiques, dans des cadres plus modestes, ne manquent pas non plus. Pour le moyen âge, nous avons M. J.-P. Laurens qui, avec ses *Hommes du Saint-Office*, compulsant des papiers dans une salle voûtée, a fait, dans une gamine blanche et claire, un de ses meilleurs tableaux, tant pour l'expression des figures que pour la souplesse de la peinture ; M. Rochegrosse, dont le dilettantisme archéologique se donne libre carrière dans cette scène tragique du *Bal des Ardents*, où le jeune Charles VI, sauvé à grand'peine par la présence d'esprit de la duchesse de Berry, commença de perdre la raison ; pour le XVIIIe siècle, M. Pille, avec son *Bourgmestre*, entouré de bouquins ; pour l'antiquité judaïque. M. Ary Renan, dont le *Jacob et Rachel*, dans un paysage de la Mer-Morte, est d'une poésie délicate et nouvelle. Suivant l'habitude, nous avons nombre d'épisodes, tristes ou cruels, empruntés aux guerres de la chouannerie. C'est sans doute à la beauté grandiose de ses sites que la Bretagne, plus facilement explorée, doit le douloureux privilège d'alimenter ainsi l'inspiration de nos peintres militaires. Il serait grand temps, ce nous semble, de mettre un terme à cet étalage périodique de pénibles souvenirs ; notre histoire nationale, avant, pendant et après la révolution, contient assez de nobles faits d'armes, qu'on pourrait nous rappeler utilement, sans qu'il faille sans cesse nous remettre sous les yeux, comme un excitant à des discordes nouvelles, ce lamentable spectacle de nos guerres civiles dans lesquelles il y eut de part et d'autre d'admirables sacrifices et d'effroyables sauvageries, mais dans lesquelles aussi s'amoindrissait le sentiment de la patrie. Ceci soit dit sans aucune pensée de méconnaître le réel talent de M. Le Blant, qui, l'un des premiers, nous a intéressés aux Bretons insurgés et qui, dans sa *Prise d'armes en Bretagne*, ne nous montre, de cette lutte fratricide, que l'aspect fervent et religieux, non plus que celui de ses imitateurs, MM. Bloch, Berteaux, Grolleron, Outin, Dupain, etc. ; mais nous croyons correspondre au sentiment public en disant : « C'est assez, » tant aux bleus qu'aux blancs, tant aux blancs qu'aux bleus !

Quelques bons portraits nous reposeront les yeux de ces scènes sanglantes. Ceux d'une dame âgée et d'une jeune femme en blanc, Mme D. A…, par Cabanel, le dernier inachevé, mais d'une préparation exquise, font comprendre l'étendue de la perte qu'a faite notre école en ce maître expérimenté. Le *Portrait de Mme de T…*, par M. Benjamin Constant, est exécuté dans une gamme rose et tendre, avec une délicatesse lumineuse à laquelle ce coloriste puissant, mais rude, ne nous avait pas accoutumés. On constate le même assouplissement de facture dans sa grande toile, la *Mort du Cheik*. M. Jules Breton nous peint sa fille, *Mme Dumont-Breton*, avec l'âme émue d'un père. Un portrait de vieille dame, vêtue de noir, assise dans son appartement, par M. Baschet, se présente avec une dignité et une bienveillance parfaites. Nous regrettons de ne pouvoir nous arrêter devant quelques autres encore, ceux qui portent les noms de MM. Delaunay. Jules Lefebvre, Cormon, Fantin-Latour, J. Gigoux, Bordes, Edouard Fournier, Daudin, Doucet, Debat-Ponsan, Mengin, Machard et de quelques étrangers. Mlle Bilinska et Breslau. M. Carter, etc. Comme réunions de portraits, le *Claude Bernard entouré de ses élèves*, par M. Lhermitte, et le *Journal des Débats*, par M. Béraud, l'un de grande dimension, l'autre un petit cadre, sont deux œuvres soignées et curieuses où l'on retrouve toutes les qualités connues de leurs auteurs.

Section III

Si l'on peut concevoir quelques inquiétudes touchant l'avenir réservé à la peinture historique et décorative, qui procède à la fois de l'imagination et de la science, on n'a pas les mêmes craintes à ressentir pour tous les genres de peinture qui procèdent plus spécialement de l'observation et qui exigent une préparation moins complexe, tels que le paysage, les scènes de la vie populaire, bourgeoise ou mondaine, et, en général, toutes les représentations des réalités contemporaines. C'est de ce côté qu'entraîné depuis une trentaine d'années par les paysagistes et par les peintres rustiques, Millet, Courbet, Jules Breton, s'en va résolument le goût public. C'est aussi sur ce point, si l'on comparait le Salon de 1789 et celui de 1889, qu'on trouverait les plus grands progrès accomplis. Il n'y a aucune comparaison à faire entre cet art timide, méticuleux et ingénieux, qu'on appelait autrefois la peinture de genre, et cet art varié, hardi, ému, simple et synthétique, du naturalisme contemporain, tel qu'on le comprend aujourd'hui à la façon des grands Hollandais. La fréquence des expositions a d'ailleurs eu au moins cet avantage de former les yeux du public, comme la fréquence des auditions musicales a formé son oreille, en sorte qu'un point important reste bien entendu, à l'heure présente, entre les peintres et les amateurs : c'est que les peintres, quelque sujet qu'ils traitent, doivent avant tout faire de bonne peinture. Il eût été naguère assez difficile à M. Dagnan-Bouveret d'obtenir, avec ses *Bretonnes au Pardon*, le succès populaire qu'il a obtenu, du premier coup, aujourd'hui. Cinq paysannes en vêtements noirs, assises en rond sur le gazon, s'entretenant. gravement près de l'église, entre deux offices, à côté de deux paysans, debout, non moins graves, voilà un sujet dont la naïveté triste eût singulièrement surpris la critique et le public d'autrefois. On ne comprenait alors la peinture qu'à travers la littérature, et les étranges conceptions de Diderot à ce sujet flottaient encore dans l'air. Il fallait, à toute force, dans un tableau, ou du drame, ou de la galanterie, ou de la malice. Nous savons mieux aujourd'hui demander à la peinture ce qu'elle peut donner, la satisfaction de l'esprit par la satisfaction des yeux, l'enchantement de l'imagination par la perfection des images, l'exaltation de la pensée par la combinaison harmonieuse des formes et des couleurs expressives. M. Dagnan n'est pas arrivé du premier coup, lui non plus, à cette conception simple qui est celle des grands artistes ; il a débuté par l'anecdote sentimentale, drolatique ou dramatique, la *Manon Lescaut*, la *Visite de la Noce chez le photographe*, l'*Accident* ; mais comme, dans toutes ces aventures, il a toujours apporté un esprit d'observation sincère et pénétrant, des habitudes de dessinateur consciencieux et opiniâtre, chacune de ses tentatives a déterminé chez lui à la fois un progrès de l'habileté technique et un progrès de l'intelligence poétique. Son esprit d'observation se manifeste ici par une analyse remarquable, au point de vue ethnographique, des types divers de la race bretonne. Ses qualités de dessinateur s'affirment par l'aisance avec laquelle il groupe ces figures, et par la délicatesse avec laquelle il les modèle dans la lumière. Sa supériorité de poète se révèle par la grâce ou la beauté d'expression qu'il sait donner à ces visages simples. Telle de ces physionomies rustiques rappelle, par la candeur profonde comme par la finesse des traits, les portraits de Memling et d'Holbein, car c'est à ces maîtres loyaux que se rattache M. Dagnan. Nous voudrions seulement, sur toutes ces figures si finement dessinées, un peu moins de cette buée grise à la mode du jour. M. Dagnan est un artiste assez sérieux pour trouver l'harmonie dans la fermeté et non dans la suppression de la peinture. A côté de ses Bretonnes, M. Dagnan-Bouveret expose une *Madone*, qui montre son talent sous une autre face. La jeune mère, en costume blanc, coiffée d'un étroit bonnet, comme une convalescente dans un hôpital, se promène à pas lents, caressant son enfant, sous une tonnelle de feuillages. Un soleil tiède et doux, perçant les verdures, crible d'étincelles, de lueurs, de reflets, le groupe blanchissant dans cette atmosphère verdâtre. C'est la

Vierge-mère comprise à la moderne, de la même façon qu'à deux pas plus loin, M. Demont-Breton, dans *les Lis*, comprend le repos de la sainte famille. Ici. les figures tiennent peu de place ; c'est dans le coin d'un jardinet paisible, son jardinet d'ouvrier campagnard, derrière la clôture d'échalas et de feuillages, que le bon charpentier travaille sur son établi, tandis que la douce ménagère dorlote à côté le petit. Sur le devant, se dresse un massif de grands lis épanouis dont le soleil couchant vient rougir de ses lueurs caressantes, les pudiques blancheurs ; des pigeons, à côté, s'endorment sur leur perchoir. Dans le paysage comme dans le tableau de figures, c'est la même paix des choses enveloppant la paix des âmes, le même sentiment humain renouvelant, agrandissant, simplifiant la légende religieuse, l'évangile tel que l'ont conçu, dans tous les temps, les légendes populaires, l'Evangile des petits et celui des artistes. Un artiste allemand, M. Uhde, qui, dans ces dernières années, avec le même esprit, avait renouvelé, on s'en souvient, le *Sinite parvulos* et *la Cène*, en des toiles fort remarquables, est moins heureux, cette année, dans son triptyque de la *Nuit sainte*. Non-seulement les trois scènes n'y présentent qu'un assemblage laborieux de figures, empruntées aux primitifs du XVe siècle, mais ces figures, d'une touche martelée et pénible, disparaissent dans une sorte de pâte terne et boueuse. Il vaut mieux abuser du plein air que de s'emprisonner en de telles opacités.

Le goût chez un peintre ne consiste pas seulement à bien disposer son sujet dans son cadre, et à l'exécuter d'une manière juste, précise et, s'il se peut, profonde : - il consiste encore à savoir approprier les dimensions de ce cadre à l'intérêt de ce sujet et aux qualités de cette exécution. M. Dagnan-Bouveret, dont la facture est plutôt fine, délicate, discrète, la fait d'autant mieux valoir qu'il se tient en des limites plus modestes. Sa *Madone* même ne perdrait pas à être un peu rapetissée. Il est d'autres artistes, au contraire, moins dessinateurs et plus coloristes, plus sensibles au premier et brusque effet des choses qu'à leur signification intime et délicate, dont le pinceau hardi, rude, primesautier ne s'exerce librement que sur les grandes surfaces. Tel est le cas de M. Roll. Son *Taureau conduit par un enfant*, dont nous avons parlé, est de grandeur naturelle, et l'exécution, large, forte et robuste, surtout pour la bête, justifie suffisamment ces dimensions. Dans son autre étude, *En été*, plus intéressante encore, les figures sont présentées dans les mêmes proportions. Cette toile ravit tous les yeux par une fraîcheur vive de coloris toute nouvelle et presque inattendue de la part d'un peintre dont la palette a longtemps été chargée de noirceurs et de tristesses. Deux femmes, en toilettes d'été, jeunes et souriantes, avec un enfant rose et un chien jaune, se reposent au milieu des bois, dans un gai fouillis de verdure et de fleurs. Il ne faut chercher là ni les délicatesses physiologiques et psychologiques, ni les recherches subtiles de forme qu'on admire chez M. Dagnan. L'impression est tout autre, plus extérieure et plus sensuelle, mais d'une sensualité franche et saine, honnête et joyeuse, et toute pleine, dans son brusque élan, de nuances délicieuses. S'il est des yeux plus sensibles que ceux de M. Roll à l'élégance et à la beauté des formes, il n'en est guère, à l'heure actuelle, de plus finement aiguisés que les siens pour percevoir, dans la nature, les rapports délicats des couleurs.

Nous avons constaté que l'éducation du public s'est beaucoup perfectionnée et qu'on ne le trompe plus si aisément qu'autrefois. Si, celle année, il s'arrête devant les drames ou élégies de MM. Dawanl, Friant, Perrandeau, La Touche, c'est qu'il y a dans ces peintures tristes autre chose qu'une sensibilité littéraire. Tous les quatre sont des artistes de valeur, évidemment convaincus, qui tendent à prendre un bon rang dans leur genre par des qualités réelles d'observation et d'exécution. Le plus ambitieux de tous est M. Dawant qui, dans sa grande toile du *Sauvetage*, pouvait, s'il avait eu la force nécessaire, brosser une page épique à la façon de Géricault. Sa composition est simple, saisissante, presque grandiose. La haute carcasse cuirassée du navire sauveur, à laquelle sont déjà suspendus, par des cordes battantes, quelques-uns des naufragés, occupant toute la droite de la toile, forme un contraste saisissant, par sa masse rigide, avec le mouvement de la mer furieuse et la petitesse du canot ballotté. Sur ce canot, rempli jusqu'au bord de passagers tremblons, l'effarement est au comble. Le pilote a lâché le câble qu'on lui jetait ; le commandant se dresse avec un geste désespéré ; il y a dans toutes ces têtes d'hommes, de femmes, d'enfants affolés qui se cachent ou qui pleurent, des expressions de terreur soigneusement étudiées et finement rendues. Trop finement rendues, dirons-nous, car en un si grand désordre, quelque désordre énergique du pinceau ne serait pas déplacé. Il reste encore à M. Dawant à acquérir, pour être complètement à la hauteur de semblables tâches, plus de solidité et de largeur dans la touche, plus de franchise et d'éclat dans la couleur.

Dans la *Toussaint* de M. Friant, l'on voit s'avancer, le long du mur d'un cimetière, une famille bourgeoise en deuil, en tête de laquelle marche une jeune fille qui donne une pièce de monnaie à un mendiant. Cette trop grande toile n'échappe pas complètement à des observations du même genre. Nous avons déjà pressenti, en signalant les premières études de M. Friant, les dangers auxquels l'exposerait sa technique minutieuse lorsqu'il voudrait agrandir ses toiles. L'an dernier, les *Canotiers de la Meurthe* nous avaient frappé par ce manque d'accord entre la sécheresse mince des figures, subtilement détaillées, et la nécessité d'un enveloppement de lumière à la distance que supposait pour l'œil la grandeur de ces figures. M. Friant s'est rendu compte de ce péril ; en agrandissant ses cadres, il a voulu agrandir son style, comme on peut le voir dans son *Portrait de Mme F…*, mais sans grand succès, ce semble, car quelques-unes des qualités supérieures de M. Friant, qualités de finesse et de pénétration, semblent s'être amoindries à cet effort. Dans sa *Toussaint* il a certainement mieux réussi. Le vieil aveugle, encapuchonné et ganté, les jambes enveloppées dans une couverture a raies, assis le long du mur blanc, est un morceau excellent ; l'homme qui l'a peint est déjà un maître, car on y trouve, avec la vivacité de l'expression, avec la précision de l'analyse, la netteté et la simplicité d'une exécution ferme et résolue. La file des bourgeois et bourgeoises en deuil qui suivent, portant des pots de fleurs dans les bras, présentait une série de difficultés à résoudre que M. Friant a résolument abordées, mais dont il ne s'est peut-être pas aussi bien tiré. La plus grave était celle de tous ces noirs qu'il fallait animer : chapeaux noirs, vêtements noirs, robes noires, gants noirs, formant une enveloppe opaque autour des taches rouges des visages, des pots et des fleurs. On peut croire qu'un coloriste plus exercé et plus libre, ne se regardant pas comme l'esclave de la réalité, visant moins au trompe-l'œil photographique, n'eût pas hésité à chercher cette animation à la fois dans une variété et un mouvement plus marqués des étoffes et dans un jeu plus intéressant de la lumière. Cette dureté d'entourage nuit certainement à toute la collection de physionomies, soigneusement étudiées, qui s'en dégagent peu à peu et qui sont des portraits fort ressemblants, d'un fini très particulier et très précis. Il est clair que M. Friant est jusqu'à présent un artiste d'observation plus qu'un artiste d'imagination, et qu'il s'entend mieux à analyser lin morceau qu'à composer un tableau. La *Toussaint*, en lui assurant la renommée qu'il méritait, doit l'encourager à se montrer plus libre et plus hardi.

C'est un deuil bourgeois que nous montre encore M. Perrandeau, un groupe de parents en pleurs, attendant, dans un petit salon, la *Levée du corps*. Rien de plus funèbre, rien de plus banal ; mais M. Perrandeau a une leçon simple et pénétrante de peindre ces scènes lugubres qui est assez touchante. Sa peinture calme, bien enveloppée, trop voilée, a toutes les discrétions délicates et respectueuses qui conviennent aux douleurs humaines. La même sensibilité simple d'observation, avec une pointe en plus de variété pittoresque, se retrouve dans les tableaux de M. La Touche, dont l'*Accouchée* avait eu quelque succès l'an dernier. Les lamentables figures d'ouvriers *En grèce* qu'il voit dédier dans le brouillard ne sont pas déclamatoires ; c'est la misère, la fatigue, l'épuisement, le désespoir qui se lisent sur leurs pauvres mines. M. La Touche ne se confine pas d'ailleurs, comme M. Perrandeau, dans ces spectacles navrants dont la multiplication, dans nos expositions, n'est nullement à désirer. Après avoir joué de la gamme noire, il joue de la gamme blanche, non sans agrément, dans sa *Première communion* où les robes de mousseline se meuvent dans la lumière avec une souplesse charmante. Si cette délicate étude était plus poussée, c'eut été un ouvrage fort intéressant, M. La Touche s'est, par malheur, arrêté à moitié route comme la plupart de ses confrères, comme M. Laurent Desrousseaux, qui, traitant un sujet semblable, la *Veille de la première communion*, avec une vraie délicatesse, s'en tient aussi, dans une analyse de lumières opposées sur des figures en blanc entre des murs d'église, à des indications beaucoup trop sommaires. Toutefois, MM. Laroche et Laurent Desrousseaux ont bien approprié la grandeur de leurs cadres à l'intérêt de leurs sujets, tandis que M. Lesur, qui fait dédier aussi une bande de *Communiante*, dans un village, et M. Hippolyte Fournier qui nous fait assister à une scène d'agonie, la *Dernière communion*, ont donné à leurs figures de telles proportions que leurs toiles semblent à peine remplies. On ne saurait trop s'élever contre cette manie croissante des toiles gigantesques dont les artistes eux-mêmes sont les premières victimes ; nous sommes convaincu que, sans ce défaut, on apprécierait beaucoup mieux les sérieuses qualités volontairement perdues dans des cadres disproportionnés par un grand nombre d'autres peintres rustiques et populaires, notamment par MM. Michelina, Buland, E. Picard, Baixeras, Umbricht, Meslé, Adolphe Binet, Éd. Durand, Ed. Frère, Mlle Billet, Decamps, Mlle Fleury, etc., tous artistes sérieux et observateurs, mais dont les œuvres gagneraient toutes aussi à être traitées plus à fond en de plus justes dimensions. On goûte d'autant mieux le charme de sérénité calme répandu dans *le Soir* de M. Adam, la bonhomie d'expression donnée par M. Renard aux personnages de son *Baptême*, la gaîté et la vivacité montrée par tous les canotiers et canotières de M. Gueldry, dans son *Éclusée*, l'étrange impression d'intimité communiquée par de simples accords colorés dans *les Intérieurs*, l'un verdâtre et l'autre bleuâtre, de M. Lobre, que, dans toutes ces toiles modestes, les intentions des artistes, mieux concentrées, s'y énoncent plus clairement. *Le Jour de la visite à l'hôpital*, par M. Jean Geoffroy, une touchante étude d'enfant malade, *le Retour d'exil*, par M. Delort, où toute l'impression est due à l'habile représentation d'un appartement délabré et saccagé, *le viatique dans la montagne*, par M. Claude ; *le Coup de collier*, par M. Danlan ; *l'Aveu tardif*, par M. Aimé Perret ; *le Feuilleton intéressant*, par M. Celhay, et surtout *les Laveuses*, par M. Lhermitte, et *la Question difficile*, par M. Kuehl, montrent qu'il est inutile de se tant gonfler pour faire œuvre de peinture excellente ou intéressante.

Si le juste sentiment des proportions est nécessaire dans les tableaux de genre, il ne l'est pas moins dans les paysages. Sous ce rapport, nos jeunes contemporains ne montrent pas, en général, une conscience plus exacte de leurs forces ni une intelligence plus perspicace de leurs intérêts. Si l'on continue à marcher de ce train, si l'on s'obstine à vouloir lutter, pour la dimension des toiles, pour la vélocité du pinceau, pour le trompe-l'œil du rendu, avec les brosseurs de panoramas forains ou de décors de théâtre, on risque fort de perdre tout ce qui a été acquis, au prix de tant d'efforts et de conscience, par toute l'école précédente dont les survivants, nous le constatons encore, restent, malgré leur âge, les maîtres, par l'exemple comme par les souvenirs, de la génération actuelle.

Ce n'est pas que depuis l'époque où MM. Français, Busson, Harpignies ont paru sur l'horizon, il n'ait été fait des excursions plus audacieuses que les leurs dans le champ infini du paysage. A vrai dire même, ces maîtres ne peuvent pas compter parmi ceux qui ont ouvert des voies tout à fait nouvelles ni des voies téméraires. Leur talent, calme et reposé, circonscrit à l'ordinaire dans les sites agréables et doux de la France centrale, a toujours conservé un certain caractère de prudence et de modération. Mais comme ils ont toujours fait ce qu'ils pouvaient faire avec une extrême conscience, comme ils n'ont cessé de se corriger et de se compléter, ils ont acquis, à force d'expérience, une sûreté de main qui donne à leurs œuvres, même les moins inattendues, une sûreté et une unité qui ressemblent quelquefois à de la grandeur. Le *Vallon de l'Eaugronne, près Plombières*, par M. Français, est un de ces paysages exacts qui eussent fait envie aux honnêtes peintres de 1789, tout aussi consciencieux que leurs successeurs, mais à qui manquaient cette science sûre et cet aimable tour de main. Les deux toiles de M. Harpignies, la *Vue prise à Antibes* et la *Pleine lune*, d'une ordonnance nette et ferme, d'un dessin vigoureux et très lisible, d'une coloration forte et soutenue, ont cet accent de maîtrise un peu fier qui, depuis quelques années, marque toutes les productions de ce maître. Quant à M. Busson qui, depuis longtemps, étudie avec un sentiment très particulier, dans l'arrière-saison, les luttes des nuages et du soleil, il n'a jamais, nous le croyons, si complètement réussi que dans son *Commencement de crue sur le Loir*, une toile assez grande, d'un aspect grave, silencieux, menaçant, et exécutée d'un bout à l'autre, sans une hésitation, avec une science aussi soutenue que discrète et la force tranquille d'une expérience consommée. Il est intéressant de constater que la plupart des paysages, dus à la génération suivante, dont le succès n'est point contesté, se rattachent par des points fort visibles : pondération des ordonnances, disposition nette des plans, simplification des détails, franchise large de l'action lumineuse, parti-pris des belles masses, à l'école traditionnelle qui, par MM. Français et Harpignies, comme par Corot, se rattache à la vieille école française des Vernet, des Robert, des Ondry. Tels sont, pour ne citer que les plus saillants, la *Prairie à Lavans-Quingey*, par M.

Rapin, et le *Matin dans les prés de Perrouse*, par M. Pelouse, à qui vient peu à peu le courage des sacrifices, courage difficile pour des observateurs aussi attentifs que lui, mais absolument nécessaire à qui veut faire une œuvre claire, saisissante et durable. Ce courage lui a porté bonheur. Il est inutile de citer, parmi ceux qui savent depuis longtemps de quelle importance est la simplification dans l'étude de la nature, MM. Paul Flandrin, de Curzon, Benouville, Bellel, Didier, dont les convictions classiques ont résisté à toutes les fluctuations de la mode, MM. Lansyer, Grandsire, Bernier, Lapostolet, Beauverie, Delpy, qui savent joindre un amour plus familier pour la nature à des habitudes de réflexion ; toutefois, nous ne saurions omettre de remarquer que, parmi les jeunes gens, un certain nombre, et des meilleurs, tels que MM. Boudot, Baillet, Charlay, Saïn, Dufour, Rigolot, etc., partagent déjà les mêmes convictions et procèdent ouvertement des mêmes principes.

A côté de ces paysagistes calmes et sages, nous trouvons, et ne saurions nous en plaindre, une quantité au moins aussi grande de paysagistes plus inquiets et plus chercheurs, quelques-uns même fort aventureux, qui se sentent mal à l'aise dans ces parcs bien soignés, ces petits bois tranquilles, ces jardinets étroits, ces villages de province où se plaisent leurs voisins ; il leur faut, à ceux-là, ou les panoramas de montagnes, ou les profondeurs des forêts sauvages, ou tout au moins la vaste étendue, libre et aérée, des pleins champs. Parmi ces intrépides marcheurs, se montre toujours au premier rang M. Jean Desbrosses, l'auteur de la *Vallée de Monistrol*, un paysagiste vraiment rare et puissant, malgré ses inégalités. Le paysage alpestre de M. Guétal, chauffé par le soleil couchant, le *Massif de la Grande-Chartreuse, vu des Vouillans*, est bien près d'être un chef-d'œuvre autant par la vigueur continue de l'exécution que par la majesté simple de la mise en scène. M. Quignon a tiré d'un *Champ de blé noir* au soleil, un effet violent, mais saisissant. Parmi ceux qui expriment le mieux la solennité de l'espace, dans nos campagnes de France, ouvertes et plates, mais si plaisantes pourtant par l'abondance des floraisons et par la variété des cultures, les plus remarquables peut-être sont deux peintres qui procèdent, pour rendre les mêmes impressions, par des moyens absolument différents : l'un est M. Damoye, un peintre chaleureux, qui a l'une des touches les plus vives, les plus libres, les plus larges de l'école ; l'autre est M. Jan-Monchablon, dont le travail de patience au pointillé est le plus minutieux, le plus détaillé, le plus lin qu'on ait jamais vu.

Après les paysagistes il faudrait parler des animaliers, après les animaliers, des peintres dits de natures mortes, peintres de lieurs, de fruits, de chaudrons, de bimbelots, de comestibles. A mesure qu'on s'éloigne de la figure humaine, on devient peintre à meilleurs frais. Dans tous ces genres secondaires, l'habileté courante et médiocre est presque générale. Toutefois on y rencontre quelques ouvrages supérieurs, portant un caractère d'unité due à la concentration de l'effet et au soin soutenu de l'exécution. Parmi les animaliers, MM. C. Paris et Barillot méritent d'être remarqués, l'un pour sa *Jeune Taure égarée*, l'autre pour ses *Mauvaises herbes*. On regardera avec plaisir le *Cellier* de M. Vollon, la *Nature Morte* de M. Zakarian, le *Déjeuner de Carême* de M. Fouace, le *Chez Gargantua* de M. D. Rozier, les *Poissons* de M. Joseph Bail, l'*Encensoir* de Mlle de Hem, les fleurs de MM. Kreyder, Grivolas, Bourgogne,. etc.

Section IV

La section de sculpture s'est plus ressentie que la section de peinture de la coïncidence de l'Imposition décennale au Champ de Mars. Une statue ne s'improvise pas comme un tableau ; beaucoup de sculpteurs, voulant figurer à l'Exposition universelle, ont dû renoncer à paraître au Salon. Toutefois, les chefs de l'école, MM. Dubois, Fremiet, Falguière, Chapu, Mercié, Barrias, ont tenu à se montrer partout, et les œuvres qu'on voit d'eux aux Champs-Elysées sont tout à fait dignes de leur renommée. Les deux statues équestres de *Jeanne d'Arc*, l'une par M. Fremiet, l'autre par M. Paul Dubois, comptent déjà parmi les plus nobles ouvrages dont notre pays peut s'enorgueillir. On ne saurait que se féliciter de l'heureuse rencontre d'inspiration patriotique qui a mis cette aimée en présence, aux yeux des étrangers, dans un concours spontané, deux artistes d'une telle supériorité.

Tout le monde connaît cette Jeanne d'Arc de la place des Pyramides, conçue et exécutée par M. Fremiet sous le coup de nos désastres, comme un appel à la concorde et à l'espérance. C'est une figure déjà sacrée pour l'imagination populaire, et il n'est guère de coin de terre française où elle n'ait pénétré par le bronze, par l'estampe ou par la photographie. Qui donc a reproché à cette jeune fille, si hardiment posée sur sa haute selle et contenant d'une main ferme son robuste destrier, d'être trop courte et trop frêle, comme si le contraste de cette vierge faible et de cette monture solide n'accentuait pas précisément, avec un bonheur rare, l'héroïsme fervent et la force morale de la paysanne inspirée ? On pouvait tout au plus désirer, pour ce groupe si vivement empreint de l'esprit du IVe siècle, un entourage plus conforme à son style ferme et précis, quelque chose de moins écrasant que les masses énormes des maisons hautes et plates entre lesquelles elle se trouve un peu écrasée. M. Fremiot a pensé autrement ; il a cru qu'il fallait refaire sa statue ; lui seul avait le droit de se juger si sévèrement. Hanté par cette sainte vision, il a voulu, dans son œuvre nouvelle, lui donner des apparences plus réelles, établir des rapports plus classiques entre les proportions de la chevaucheuse et celles de son cheval. L'attitude, d'ailleurs, est restée la même. Jeanne, cuirassée de pied en cap, l'oriflamme à la main, semble toujours arrêter sa monture, sur la butte Saint-Roch, devant la brèche. Figure réelle par les détails précis et exacts de l'équipement, figure idéale en même temps par la couronne de lauriers qui rayonne autour de sa tête nue comme un nimbe. Mais, sur la place des Pyramides, le caractère idéal était plus franchement marqué, tandis que, dans l'œuvre nouvelle, le sculpteur semble avoir voulu se montrer plus naturaliste. Cette fois Jeanne est une vraie paysanne. Sa gorge, naguère écrasée sous l'armure, s'accuse maintenant, grossie et développée, sous la chemise de maille, aux échancrures de la cuirasse ; sa taille s'est ramassée, sa ceinture s'est épaissie. Est-ce plus vrai au point de vue historique ? Nous n'en savons rien puisque nous n'avons aucun portrait de Jeanne. Ce que nous disent pourtant les contemporains, c'est que, toute robuste qu'elle fut et franchement paysanne, elle était plutôt petite et belle. A la cour de Chinou, comme au tribunal de Rouen, on demeura frappé de l'aisance de ses allures comme de l'à-propos de ses paroles. Un témoin oculaire va jusqu'à dire qu'elle était élégante. Du reste, l'enthousiasme populaire ne tarda pas à la transfigurer ; la légende la fit blonde, tandis qu'elle semble avoir été brune. Ce n'est donc point un scrupule d'érudit qui a dû décider M. Fremiet à entreprendre une besogne si courageuse et si dangereuse. Il a cédé à ce besoin impérieux qu'éprouvent les grands artistes de poursuivre cette perfection qui leur échappe toujours, même lorsque le vulgaire les croit satisfaits. Par ce temps de contentements faciles et de présomptions vaniteuses, ce n'est pas un médiocre exemple de désintéressement et de conscience. Les endroits sont assez nombreux sur le sol français où la vaillante pucelle a marqué sa trace pour qu'il ne soit pas embarrassant de donner à cette nouvelle œuvre de M. Fremiet une destination utile et glorieuse. Mais nous regretterions de voir cette grande sœur chasser de la place des Pyramides la petite sœur que nous y avons tant aimée.

Lorsqu'on regarde la statue de M. Fremiet, il semble que cet idéal de Jeanne d'Arc depuis si longtemps poursuivi par tant d'artistes, ait été fixé définitivement. Si l'on se retourne du côté de celle de M. Paul Dubois, on voit bien vite que, même pour une figure historique, l'idéal reste toujours insaisissable et qu'il est toujours possible, en le poursuivant, de monter encore plus haut. Il y a longtemps qu'une œuvre d'art ne nous a donné une commotion aussi vive et aussi profonde. Il faut penser aux chefs-d'œuvre les mieux venus, les plus spontanés et les plus savants à la fois de la renaissance, pour trouver un accord pareil de l'inspiration et de l'exécution. Tandis que la plupart de ses prédécesseurs, soit peintres, soit sculpteurs, dans la crainte d'altérer le caractère pur de la vierge inspirée, l'ont presque toujours montrée au repos, soit à Reims, soit à Domrémy. M. Paul Dubois a vu en elle la missionnaire en action : il n'a pas hésité à charger sa petite main de la longue épée avec laquelle elle commandait résolument ses troupes. Petite, souple, fine, fermement assise sur une selle basse, presque dressée, sur la pointe des pieds, dans ses étriers, la tête levée vers le ciel et tenant à peine ses rênes, elle laisse aller, confiante et décidée, le cheval fier et nerveux qui la porte. Cet animal est superbe ; il pousse en avant comme s'il avait conscience de son rôle, marchant au trot, la jambe haut levée, en cheval de fine race. Le mouvement est admirablement marqué, sans effort, sans violence, par toute la poussée du corps, l'inclinaison de la crinière, la fuite de la queue. Le mouvement correspondant de la cavalière n'est pas moins sûrement indiqué. Pour élever en l'air son épée, Jeanne a dû retirer vivement le bras en arrière, et ce geste a soulevé l'épaulière, qui laisse voir sous l'aisselle la cotte de mailles. Il suffit de ce léger déplacement saisi sur le vif pour ôter à l'armure plate, enserrant pudiquement le corps de la pucelle comme une gaine, et sa rigidité et sa froideur. M. Paul Dubois, qui a étudié l'habillement de son héroïne avec la même conscience archéologique que M. Fremiet, cache sa science avec plus de résolution ; dans le harnachement du cheval, comme dans l'équipement de la guerrière, il a évité, avec le plus grand soin, tout ornement trop étrange, toute saillie trop forte, toute découpure trop vive, qui aurait pu distraire l'esprit du mouvement d'ensemble et de l'expression générale. Malgré la beauté de la bête, des armes, de l'attitude, du geste, c'est donc bien en haut que l'œil, montant sans effort ni arrêt le long de toutes ces surfaces souples et calmes, se sont vraiment porté et qu'il va se fixer enfin sur le visage, un visage à la fois irrégulier et charmant, plébéien et distingué, candide et intelligent, extatique et volontaire, modestement enserré dans un casque plat sans cimier et, sans panache, comme un doux visage de nonne héroïque dans sa coiffe. Ce mélange de hardiesse et d'innocence, de douceur et d'énergie, de naïveté et de bon sons, de piété et de sens pratique, qui nous déconcerte chez Jeanne d'Arc, a été exprimé par l'artiste avec une simplicité et une force tout à fait supérieures.

Le haut-relief de l'*Espérance*, par M. Chapu, doit-il faire partie d'un monument funéraire ? On y voit, de profil, une grande femme, assise sous une niche, largement drapée, qui rappelle, par l'attitude et par le style, la célèbre figure de la *Pensée* sculptée pour le tombeau de Mme d Agoult. Les deux figures de la *Douleur* et de la *Gloire*, modelées par M. Mercié, sont destinées au tombeau de Paul Baudry, dont l'architecture a été faite par son frère. Le monument se compose d'un sarcophage appliqué contre une muraille et surmonté d'un piédouche portant le buste du peintre, que la Gloire vient couronner. Cette Gloire, figure volante, en haut-relief, engagée dans la paroi, semble empruntée au plafond de la cour de cassation. M. Mercié a pris à cœur de faire couronner l'artiste par une de ses créations favorites ; il s'est donc complu à reproduire, avec son habileté connue, toutes les particularités du style décoratif de Baudry, l'élégance délicate des extrémités, la tristesse gracieuse de la physionomie, les chiffonnements multipliés des draperies légères. La Douleur, figure en ronde bosse, debout, en bas, sur les degrés de l'édicule, s'appuie en pleurant sur le sarcophage. Ici, M. Mercié est redevenu lui-même. Cette grande femme, tout enveloppée, comme perdue dans un immense manteau, laisse à peine voir un bout de son visage caché dans ses mains ; maison sent, sous le fardeau des étoiles qui la couvrent, un tel affaissement, si digne et si tendre, de tout son corps, qu'on se sent gagné par l'émotion. C'est une improvisation puissante et noble qui deviendra de la sculpture magistrale et vivante.

La *Chasse* par M. Barrias est destinée, comme sa *Musique* de l'an dernier, à l'Hôtel de ville de Paris. C'est une femme de la Renaissance, en vêtements courts, les jambes nues, l'épaule découverte, une Diane française, moins allongée et plus robuste que les Dianes de Fontainebleau, avec la même élégance de coiffure, des airs moins aristocratiques, une certaine grâce bon enfant. Chasseresse de banlieue, sans férocité, qui se trouve heureuse d'avoir transpercé de ses tiédies deux oisillons et un lapin. L'exécution a toujours les mêmes qualités de franchise et d'aisance. La *Musique* de M. Falguière, nue jusqu'à la ceinture, sous une niche cintrée, n'appartient pas au monde officiel ; le visage, court et plat, est nettement plébéien. Ce serait une chanteuse des rues, si nos rues étaient suffisamment ensoleillées pour expliquer cette toilette sommaire : mettons que ce soit une bohème d'Athènes ou de Smyrne. Dès que M. Falguière touche le marbre, il devient grec et métamorphose les faubouriennes qui passent. Le torse souple et délicat de cette fille, ses mains vives et nerveuses qui tiennent la mandoline et en pincent les cordes, sont des morceaux d'un singulier prix. Pourquoi M. Falguière, si maître de lui, se laisse-t-il aller, çà et là, à des complaisances bien inutiles pour des effets pittoresques et des effets de pratique dont ne peuvent être guère louches les amateurs sérieux de sculpture ? Est-ce bien à lui d'estomper systématiquement les modelés délicats d'un visage auquel sa main ferme aurait naturellement donné toute leur précision ? Est-ce bien à lui de jeter, sur la hanche de cette jeune fille, sans raison plausible, un paquet de draperies pointillées et martelées en trompe-l'œil ? Venant d'un tel sculpteur, ces faiblesses, qu'on ne remarquerait pas chez un autre, sont d'un fâcheux exemple pour une école qui, jusqu'à présent, dans son ensemble, avait si bien résisté aux détestables entraînements des pratiques italiennes.

On ne saurait se dissimuler qu'il y a, sur ce point, certains symptômes inquiétants parmi les jeunes tailleurs de marbre. Il serait absurde qu'au moment où les peintres négligent volontiers leur métier de peintres, sans d'ailleurs emprunter aux sculpteurs aucune de leurs qualités, les sculpteurs, sous prétexte de les imiter, compromissent le fond même de leur art. Une sculpture qui ne parle pas d'abord aux yeux par l'équilibre de la masse, par la pondération des lignes, par l'expression des contours, ne mérite pas son nom. Toutes les habiletés, tous les raffinements, toutes les surprises de la pratique n'y feront rien ; jamais le bon sens du peuple, pas plus que le goût cultivé des amateurs n'accepteront, dans une matière solide et palpable, des formes sans précision. Sans doute le besoin de se distinguer, de trouver du nouveau, de l'inattendu, du piquant dans un art dont les limites sont très précises et dont le champ a été si furieusement cultivé, pont pousser les jeunes sculpteurs à chercher des étrangetés d'arrangement et des raffinements de rendu ; d'autre part, le maniement du marbre, de cette matière brillante, tendre, caressante, donne des tentations auxquelles il est peut-être difficile de résister. Ce n'est point d'aujourd'hui que les sculpteurs se trouvent en présence, de ces difficultés et de ces tentations ; tous les maîtres se sont tiré des unes et ont résisté aux autres sans avoir recours à ces expédients déplorables. N'est-il pas fâcheux, l'année même où MM. Paul Dubois et Fremiet exposent leurs Jeanne d'Arc, si simplement conçues, si franchement exécutées, que M. Pézieux, un statuaire fort habile, consume sa force et son temps à vouloir faire exprimer par le marbre, autour de la Pucelle sur son bûcher, la fluidité et l'agitation des flammes montantes, de nous indiquer la nature et la qualité des tissus qui vont être dévorés ! Voilà bien des préoccupations dignes d'un pareil sujet et d'une pareille figure ! N'est-il pas fâcheux de même que, dans son groupe de *la Décollation de saint Jean-Baptiste*, M. Ferrary ait donné une pareille importance aux draperies inextricables dont l'insolent bourreau, appuyé sur son cimeterre, est enveloppé jusqu'aux yeux, surchargé, encombré ? Tout cet étalage pittoresque nuit beaucoup plus qu'il ne sert à une œuvre d'ailleurs puissante, sérieusement étudiée, dont quelques morceaux, notamment le cadavre du saint gisant, tout replié, à côté de l'exécuteur, donnent une haute idée de la science et de l'habileté de l'artiste. Le modèle de ce groupe date de quelques années ; il est probable que M. Ferrary ne compromettrait plus aujourd'hui son talent souple et vigoureux en des aventures si fâcheuses.

Quelques bons marbres, achevés avec soin, remettent, sous nos yeux, des figures agréables dont les modèles avaient déjà paru au Salon les années précédentes. Tels sont l'*Eve*, de M. Marqueste, la *Géographie*, par M. Lanson, la *Muse d'André Chénier*, par M. Puech, le *Tircis*, par M. Laporte, le *Vainqueur*, par M. Thabard, la *Fortune enlevant son bandeau*, par M. Michel, la *Psyché*, par Mme Léon Bertaux. Le groupe des *Exilés*, par M. Mathurin, celui d'*Agar et Ismaël*, par M. Aizelin, nous étaient également connus ; le marbre a donné, à ces œuvres sérieuses, plus de puissance expressive. Il en est de même des ouvrages de bronze envoyés par MM. Mabille et Roussin, l'*Amour blessé* et le *Phaéton*. Autour de ces anciennes connaissances se groupent d'ailleurs quelques modèles nouveaux devant lesquels on peut s'arrêter avec plaisir ou profit. Chez les sculpteurs, malheureusement, la rage du colossal fait aussi des ravages, et la dimension des figures n'est pas toujours proportionnée à leur importance. Personne n'a plus d'admiration que nous pour *Géricault* ; mais était-il bien nécessaire d'en faire un géant, surtout un géant en bras de chemises, en culottes collantes, en pantoufles, avec un cadavre étendu derrière lui ? Si c'est un programme officiel qui a imposé à M. Guilloux ce manque de goût, c'est un programme malheureux. C'est encore un géant, coiffé d'un lion, un géant à l'air féroce, qui représente le protecteur de l'enfance studieuse dans le groupe de M. Icard, *Protection et Avenir*. Le *Genie expirant* de M. Daillion est lui-même un géant. Rien ne justifie vraiment, dans ces œuvres, d'ailleurs remplies d'estimables qualités, ces efforts pénibles vers le grandiose. Il est assez difficile de mener à bien une figure et un groupe de grandeur naturelle sans qu'on ait à se jeter spontanément dans le colossal lorsque ce n'est pas une nécessité architecturale ou décorative.

M. Christophe a été plus prudent dans son *Baiser suprême*. Ce baiser funèbre, c'est celui que le Sphinx accorde à sa victime, poète ou artiste, en lui défonçant la poitrine de ses griffes sanglantes. M. Christophe a toujours eu le goût de ces allégories mystérieuses et tristes. On se souvient de sa *Comédie humaine*, dans le jardin des Tuileries, la grande femme qui pleure derrière le masque qui rit. Son groupe est d'un arrangement hardi et original ; la victime, tournant le dos, retourne la tête, sous la caresse meurtrière de la bête, pour lui tendre ses lèvres, en agitant dans l'air ses bras avec une volupté douloureuse. SI. Christophe apporte, dans son faire nerveux et précis, des préoccupations d'exactitude rigoureuse et d'intense vigueur qui font penser aux sculpteurs florentins du XVe siècle. Il a suffi également à M. Dampt d'une figure ordinaire, une jeune femme, presque un enfant, assise, dans une attitude pensive et attristée, devant une colonnette supportant une statuette de l'Amour, pour exprimer, d'une façon nouvelle et charmante, la *Fin du Rêve* ; on doit regretter que M. Dampt gâte presque toujours ses sculptures distinguées par quelque détail, dans la conception ou dans l'exécution, d'un goût subtil ou douteux. Le monstre moyen âge qui s'envole derrière cette enfant désolée n'est qu'une distraction inutile et une surprise désagréable pour les yeux. Un peu plus de bonhomie sied mieux aux sculpteurs, dont l'art exige avant tout la clarté et la simplicité, et qui n'ont pas à chercher midi à quatorze heures pour nous ravir par la grâce d'une belle altitude, la souplesse d'un mouvement heureux, l'expression d'un geste naturel. Il n'a pas fallu de tortures d'esprit à M. Charpentier pour imaginer sa *Chanson*, à M. Labatut pour concevoir son *Jeune Pêcheur* ; cependant ces figures sont de bonnes sculptures. MM. Hugoulin et Allouard ont dû prendre un peu plus de peine, l'un pour bien enlacer, dans son *Idylle interrompue*, ses deux amoureux assis sur un banc et qu'effraie l'apparition d'un gros lézard ; l'autre pour grouper, d'une façon vive et amusante, dans son *Satyriana*, ces deux Satyreaux et ce jeune Faune qui se taquinent, mais leurs inventions ne sortent pas du domaine de la poésie sculpturale. Nous aurons l'occasion de revenir sur tous ces ouvrages lorsqu'ils reparaîtront, aux Salons prochains, sous leurs formes définitives. La coïncidence de l'Exposition universelle qui a fait grossir, au Palais de l'Industrie, le nombre des bustes en toute matière, n'a pas eu, on peut bien se l'imaginer, une influence heureuse sur leur qualité. Si l'on en excepte une vingtaine, parmi lesquels il faut citer celui de *M. Bonnat* par M. Paul Dubois, celui de *M. André Theuriet* par M. Dalou, celui de *M. Bouveault* et d'une *Berrichonne* par M. Baffier, ceux qui portent les signatures de MM. Barrias, Delaplanche, Boucher, Verlet, etc., le reste est d'une vulgarité douloureuse et accablante. Peut-être, en cette matière, une résurrection du Salon de 1789 n'aurait-elle pas moins été instructive que pour les peintres ; car, après cette promenade lamentable devant tant de têtes sottes et prétentieuses, nous eussions certainement éprouvé quelque plaisir à regarder les bustes de Lemoyne et d'Hubert Robert, par Pajou, ceux de Marivaux et de Du Belloy par Caffieri, ceux de Buffon, J.-J. Rousseau, Diderot, par Houdon, qui, à ce seul Salon, en exposait une dizaine.

ISBN : 978-1981352371